世界一自由で簡単なパンのつくりかた

はからない こねない まるめない

根岸ひとみ

ぶなのもり

はじめに

毎日パンを食べたいくらいパンが大好きだけど、
パンづくりがおっくうなかたへ、このレシピをお届けし
たくて勇気をふり絞って、この本をつくりました。
おいしいパンを、焼きたてのパンを
自分が大好きな材料でつくってみたい…。
気取らず、あわてず、自然体で、ときにはこどもと一緒に、
自由な発想で、パンづくりを楽しんでいただけたら
こんなうれしいことはありません。

おいしいパン屋さんめぐりが大好きでした。

おいしいパンって、小麦のいい香りがします。
私の好きなパンは、噛むほどに味が出て、もっちりとしたパンです。
周りががりっと固いともっといい！
そういうパンは、力強い赤ワインや、生ハムにも負けないパンです。

そんなパンを毎日焼きたい、毎日食べたい、しかも焼き立てを！
という妄想がふくらみふくらみ……
試行錯誤してつくり上げたレシピです。

パンづくりは大嫌いでした。

パンづくりと聞いて、最初に思い浮かべるのは、
キチンと粉や材料をはかる、
腕が痛くなるほどこねる、たたく、
ぬれた布巾をかぶせて休ませる、
一次発酵、二次発酵……
という面倒な工程です。
だったら買ったほうがいい！という結論に達してしまい、
以前は家でつくることはめったにありませんでした。

パンは毎日食べるものだから、もっと簡単にできるはず。

私はいつもそう思っていました。
パンは粉と水さえあればできるのです。
まずはその原点に返ってみましょう。

夜寝る前に、ちょっと疲れているけど、早く寝たいけど、
5分あれば、生地が仕込める！
そして、次の日の朝には、オーブンに載せて焼くだけ！
という簡単レシピってないかな？

そんな思いをなんとか形にしてみたくて、
試行錯誤をくり返し、手間をはぶきながらも、自分好みのパンを追求して、
できあがったのがこのレシピです。

必要なのはマグカップとスプーン。

焼きたてのパンで、今日1日が楽しく始まります！

はからない こねない まるめない ● もくじ

はじめに 2

第1章 基本のパンのつくりかた 7

どうぐ 8
ざいりょう 10
生地づくり 12
焼き上げ 15

第2章 薄力粉を他のものに変えてみる 17

米ぬかパン 18
おからパン 20
米粉パン 21
コラム◆打ち粉でアレンジ 22

第3章 食事パン 23

チーズ 24
ツナとディル 26
フライドオニオン 28

ベーコンと黒こしょう　*30*
カレー　*32*
ドライトマトとクリームチーズ　*34*
コラム◆パンといっしょにディップやポタージュを　*36*

第*4*章　スイーツパン　*37*

チョコチップ　*38*
リンゴジャムとシナモン　*40*
粉茶とクルミ　*42*
あんこ　*43*
ココア　*44*
レーズン　*46*

第*5*章　世界のパン　*47*

米ぬかスコーン　*48*
ナン　*50*
ベーグル　*52*
フォカッチャ　*55*
ピザ　*58*
コラム◆パン教室のこと　*61*

あとがき　*63*

第 *1* 章

基本のパンのつくりかた

パンは粉と水分と味付けから成り立っています。
まずは基本のパンからつくってみて、
こんな簡単な方法もあるのか！という発見をしてください。
材料、道具、すべて身の回りにあるもので大丈夫。
天候や温度、時間、材料の状態などで、
同じようにつくっても、できあがりがいつも同じになるとは限りません。
その違いを楽しむくらいの気楽さで、あなたのパンをつくってみましょう。
目からうろこのレシピになること間違いなしです。

どうぐ

いつでもどこでも思い立ったらすぐつくれる！
とくに買いそろえなくてはならない道具はありません。
いま家の台所にある身近なお気に入りのもので十分です。

小さじ（ティースプーン）

いつも使っているティースプーンを使いましょう。もちろん小さじ（5cc）を使っても OK。

大さじ（テーブルスプーン）

いつも使っている食事用の大きなスプーンを使いましょう。もちろん大さじ（15cc）を使っても OK。

マグカップ

いつも使っているマグカップを使いましょう。大事なのは比率なのでマグカップで十分です。もちろん計量カップ（200cc）を使っても OK。いつも使うパン用マグを決めると、日々のできあがりが調整できます。

パンをつくるのにとくべつな道具は必要ありません。
材料をはかって混ぜるのに使うのはふつうのマグカップと 2 種類のスプーン、これだけで OK です。

ボール
バスケットボールを半分に割ったくらいの大きさのものがおすすめ。生地を寝かせるときはラップでふたをします。

タッパー
2リットルぐらい入るタッパーを使いましょう。冷蔵庫で発酵させるときには大活躍です。

その他あったら便利な道具は…

木べらや**しゃもじ**があれば、混ぜるときに楽かもしれません。

できあがった生地をのばして切って焼くときに、**まな板**や**包丁**、**オーブン**を使います。
オーブンのトレイに**クッキングシート**を敷いて焼くと、はりつかず扱いやすいです。

今日はずいぶんふくらんだ！　今日は香りが立っているなどなど、
その日のできばえを楽しむつもりで、表情の毎日変わるパンを楽しんでください。

この本のレシピの見かた

分量は**マグカップ**と**小さじ**、**大さじ**で説明します。

材料の薄力粉は他のもの（米ぬか、おから、米粉など）で、
なたね油は他の油（サラダ油、オリーブ油、サフラワー油など）で、置き換えられます。

ざいりょう

基本的な材料とその分量をご紹介します。
大切なのは、比率で把握すること。
これさえ覚えればいろいろなアレンジを楽しめます。

強力粉

マグカップ3杯

薄力粉

マグカップ1杯

つくりやすい分量はだいたい4〜5人分です。基本となる強力粉、それに薄力粉を合わせます。

食べきれなかったら、ラップにくるんで冷凍してしまいましょう。いつでも食べたい時にチン！で、ほかほか手づくりパンが楽しめます。

薄力粉のかわりに同じ分量の他のものを使うと、さまざまなバリエーションのパンがつくれます（第2章参照）。あなたも試行錯誤してみてください。

水
マグカップ 1〜2杯

気温が高いときは少なめに、低いときは多めに。
冬は発酵が進みづらいのでぬるま湯（30〜35℃）にして加えます。
水の代わりに牛乳や豆乳などでつくるとまた風味が変わります。試してみてください。

砂糖
大さじ1杯

きび砂糖や素精糖などを使うと自然の甘味がパンの味わいを深くしてくれます。

塩
小さじ2杯

自然塩や天然の岩塩などにすると味がまろやかになります。

ドライイースト
小さじ1杯

分量を増やせば、発酵のスピードが早まります。急ぐときには小さじ2杯まで入れてOK。

なたね油
大さじ3杯

なたね油、オリーブ油など、お好きな油があればそれを使ってください。

強力粉と薄力粉の黄金比は3：1

強力粉と薄力粉の最適な比率は3：1です。
薄力粉の代わりに米ぬかやおから、米粉など、他のものを使う場合も同様です。
たとえば米ぬかなら、ほんのり甘くて、コーンパンのような、きなこのようなやさしい味わい…。
いずれもそれぞれ個性があり、独自の風味と味、口あたりが楽しめます。

全粒粉、コーンミール、グラハム粉、そば粉など、他にもさまざまなものがあります。
そのときに手に入る材料で試してみてはいかがでしょう？

生地づくり

それでは生地をつくってみましょう！
材料をそろえて、混ぜて、発酵させるだけ。
一次発酵→二次発酵と分けて考える必要はありません。

1 強力粉、薄力粉、ドライイーストを木べらやスプーンなどで軽く混ぜます。
全体がよく混ざればOK。

2 砂糖と塩を加え、全体に混ぜます。
ドライイーストと塩は同時に投入しないこと。
発酵に影響が出ます。

3 なたね油を加え、混ぜます。
ダマになっても気にしないで。

4 まず水を1杯加えて混ぜ、2杯めは様子を見ながら少しずつ加え、生地がまとまったら、それ以上水は加えません。
べちゃべちゃにならないようにすることが大切！

ちょうどよい状態
粉が残らず、水気がたまらない状態が「ちょうどよい」状態。1つにまとまってちょっとべたつく程度の固さです。

水が少ない状態
ひとつにまとまらず、粉が残っている状態はまだ水が少なめです。粉っぽさがなくなるまで水を加えてください。

水が多い状態
水分が生地からしみ出る状態は水の加えすぎです。その場合も、がっかりしないで！ 強力粉または薄力粉を少量加え、水分を調節してください。

5 生地を入れた容器にふたをして、5～8時間置きます。
　夏は涼しい場所か冷蔵庫、野菜室などに置くといいです。
　暖かい場所ではよく発酵します。冬は発酵しにくいのでじっくり時間をかけて。

発酵の状態を、時間の経過で見てみましょう。
天候と気温、混ぜた材料の状態がよいと3倍近くにふくらみます。
思うようにふくらまなくても、目くじら立てず、
その季節を楽しむ気持ちで。

| タッパーに移したばかりの状態 | 発酵してふくらんできました | 十分に発酵した状態 |

焼き上げ

オーブンで焼くときに予熱はいりません。
熱くなる過程で実は少しずつ発酵もするのです。
焼きたてのアツアツをお楽しみください。

6 発酵が十分に進んだら、まな板に強力粉で打ち粉をして、生地を広げます。
手にも粉をつけて広げるとべたつきません。

手の厚さ（2〜3cm）までのばしてください。

7 包丁で切り分けて、少しすきまをあけて天板に載せ、オーブンで焼きます。
予熱なしの160℃で30分焼きます。
予熱なしで焼くことで、発酵が進みます。これもエコクッキング！

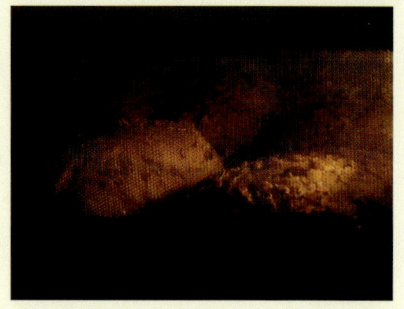

この写真はリンゴジャムとシナモンのパン。
おいしそうに焼き上がりました。

予熱なしでいいの？

　予熱モードがイライラするのは私だけでしょうか。

　オーブンに入れてすぐ焼きたい！と思って始めたこのパンづくり。

　意外にもオーブン庫内の温度が上がるまでに発酵が進むのでパン生地にとってはいい環境なのです。

　しかも省エネ！　いいことずくめです。

　予熱なしで160℃30分が基本ですが、オーブンによって火力はまちまちですので、170℃30分でも、もちろんOK！

　少しこんがり焼けます。お好みで調節してみてください。

焼きが甘かったら、時間を5分足す、温度を10度上げるなど、オーブンの具合を見ながら調節しましょう。

第 2 章

薄力粉を他のものに変えてみる

パンは強力粉3、薄力粉1が基本ですが、
薄力粉のかわりに他のものを使って、
表情や味わいの豊かなパンをつくることができます。
ここではおすすめの米ぬか、おから、米粉を使ってつくってみました。
それぞれの素材の特徴を楽しみながら、
食卓のバリエーションをひろげてみましょう。

米ぬかパン

ざらっとした触感も、きな粉のようなやさしい風味。健康にもいいけど、何より味がその魅力です。

ざいりょう

- **強力粉**：マグカップ3杯
- **米ぬか**：マグカップ1杯
- **水**：マグカップ1〜2杯
- **砂糖**：大さじ1杯
- **塩**：小さじ2杯
- **なたね油**：大さじ3杯
- **ドライイースト**：小さじ1杯

つくりかた

1 強力粉と米ぬかを混ぜ合わせて
ドライイーストも入れて軽く混ぜます。

2 砂糖、塩、なたね油を加え、さらに混ぜます。
【炒りぬかのつくりかた】
フライパンに入れ、弱火から中火で5分ほどカラ炒りするだけです。炒ることでぬか自体の発酵を防ぎ、香りも香ばしくなります。冷蔵庫に保存して使いたいときに使えます。パンだけでなくクッキーやケーキにも入れてみましょう。

3 まず水を1杯加えて混ぜ、2杯めは様子を見ながら少しずつ加え、生地がまとまったら、それ以上水は加えません。

4 生地を入れた容器にふたをして、5～8時間置きます。
夏は冷蔵庫か野菜室で発酵させましょう。

5 まな板の上に打ち粉をして、生地を広げ、包丁で切り分けて、少しすきまをあけて天板に載せていきます。

6 予熱なしの160℃で30分焼きます。

米ぬかパンの魅力

　米ぬかはきなこのようなほんのり甘い香りと、ざらっとしたグラハム粉のような食感が魅力です。

　私のカフェで提供しているパニーニのパンはすべてこの米ぬかパンなんです。

　生の米ぬかは酸化しやすいので、買ってきたらその日のうちにフライパンで弱火5分の乾煎りを忘れずに。冷蔵庫でならタッパーに入れて1～2週間は保存できます。

　栄養面からみても、ビタミンBやビタミンEが豊富で、抗酸化作用もあるのでアンチエイジング効果も期待できますね。

　また、食物繊維やカルシウムも豊富ですから、貴重な栄養素となること間違いなし！のすぐれもの。

　ぜひ米ぬかをパンからおいしく取り入れてください。

おからパン

どっしりしてるのに、軽い後味。
食物繊維を多く含むおからは体にやさしいです。

ざいりょう

強力粉：マグカップ3杯
おから：マグカップ1杯
水：マグカップ1〜2杯
砂糖：大さじ1杯
塩：小さじ2杯
なたね油：大さじ3杯
ドライイースト：小さじ1杯

つくりかた

1. 強力粉とおからを混ぜ合わせて
   ドライイーストも入れて軽く混ぜます。

2. 砂糖、塩、なたね油を加え、さらに混ぜます。

3. まず水を1杯加えて混ぜ、2杯めは様子を見ながら少しずつ加え、生地がまとまったら、それ以上水は加えません。
   おからは水分があるので、2杯めはほんの少しで大丈夫。

4. 生地を入れた容器にふたをして、5〜8時間置きます。
   夏は冷蔵庫か野菜室で発酵させましょう。

5. まな板の上に打ち粉をして、生地を広げ、包丁で切り分けて、少しすきまをあけて天板に載せていきます。

6. 予熱なしの160℃で30分焼きます。

米粉パン

しっとり、きめ細やかなパンに仕上がります。
ちぎったときにお米の香りがふんわり漂います。

ざいりょう

強力粉：マグカップ3杯
米粉：マグカップ1杯
水：マグカップ1〜2杯
砂糖：大さじ1杯
塩：小さじ2杯
なたね油：大さじ3杯
ドライイースト：小さじ1杯

つくりかた

1. 強力粉と米粉を混ぜ合わせてドライイーストも入れて軽く混ぜます。

2. なたね油、砂糖、塩を加え、混ぜます。

3. まず水を1杯加えて混ぜ、2杯めは様子を見ながら少しずつ加え、生地がまとまったら、それ以上水は加えません。

4. 生地を入れた容器にふたをして、5〜8時間置きます。
   夏は冷蔵庫か野菜室で発酵させましょう。

5. まな板の上に打ち粉をして、生地を広げ、包丁で切り分けて、少しすきまをあけて天板に載せていきます。

6. 予熱なしの160℃で30分焼きます。

打ち粉でアレンジ

基本のパンはシンプルですが、
これをちょっとした工夫でとてもはなやかな装いにすることができます。
たとえば打ち粉にミューズリーを使ってみましょう。
まな板につかないだけでなく、見た目にもユニークで独特な味わいも楽しめる一品に早変わり。
米ぬかやコーンフレークなどを打ち粉代わりに使っても、それぞれ違った表情のパンができあがります。

栄養たっぷりのミューズリーのパンは
忙しい朝の食事にぴったりです。

第3章

食事パン

基本のパンのレシピを参考に、
いろいろなおいしい具材を入れて焼く方法をご紹介します。
朝ごはんに、昼のお弁当に、
夜のおつまみに、ワインのおともに。
あなたの生活にマッチするパンを見つけてください。

チーズ

チーズをどさっと加えて、粉といっしょに混ぜるだけです。
使うチーズを粉チーズ（大さじ2〜3杯）にすると、ほんのりとしたチーズの風味が楽しめます。

ざいりょう

- **強力粉**：マグカップ3杯
- **ピザ用チーズ**：マグカップ1杯
- **なたね油**：大さじ3杯
- **薄力粉**：マグカップ1杯
- **砂糖**：大さじ1杯
- **ドライイースト**：小さじ1杯
- **牛乳または水**：マグカップ1〜2杯
- **塩**：小さじ1杯

つくりかた

1. 強力粉と薄力粉とドライイーストを入れて軽く混ぜます。ピザ用チーズを入れて混ぜます。
2. なたね油、砂糖、塩を加え、さらに混ぜます。
3. まず水を1杯加えて混ぜ、2杯めは様子を見ながら少しずつ加え、生地がまとまったら、それ以上水は加えません。
4. 生地を入れた容器にふたをして、5〜8時間置きます。
   夏は冷蔵庫か野菜室で発酵させましょう。
5. まな板の上に打ち粉をして、生地を広げ、包丁で切り分けて、少しすきまをあけて天板に載せていきます。
6. 予熱なしの160℃で30分焼きます。

生地をまったく切らずに伸ばして焼きました。
豪快にちぎって食べるのも楽しいですよ。

ツナとディル

ディルは生でも乾燥でもOKです。魚料理によく合うハーブでツナにもばっちり。
写真は米ぬかを打ち粉にしてつくりました。

ざいりょう

強力粉：マグカップ3杯

薄力粉：マグカップ1杯

水：マグカップ1〜2杯

砂糖：大さじ1杯

塩：小さじ2杯

なたね油：大さじ3杯

ドライイースト：小さじ1杯

ツナ缶：1缶
刻んだディル：1房
（もしくはローズマリー粉、ミックスハーブ）

つくりかた

1. 強力粉と薄力粉とドライイーストを入れて軽く混ぜます。ツナとディルを入れて混ぜます。
   ツナ缶はノンオイルのものがお勧めですが、オイル缶の場合はなたね油を加えなくてもいいです。

2. なたね油、砂糖、塩を加え、さらに混ぜます。

3. まず水を1杯加えて混ぜ、2杯めは様子を見ながら少しずつ加え、生地がまとまったら、それ以上水は加えません。

4. 生地を入れた容器にふたをして、5〜8時間置きます。
   夏は冷蔵庫か野菜室で発酵させましょう。

5. まな板の上に打ち粉をして、生地を広げ、包丁で切り分けて、少しすきまをあけて天板に載せていきます。
   1の工程で生地にツナとディルを混ぜずに、このタイミングでマヨネーズで和えたツナとディルを、薄めに伸ばした生地ではさんで焼いてもおいしいです。

6. 予熱なしの160℃で30分焼きます。

かぼちゃのサラダ

【材　料】
カボチャ 1/4個
きゅうり 1本
玉ねぎ 1/2個
マヨネーズ　大さじ2杯
塩こしょう少々

【つくりかた】
1　カボチャと玉ねぎを一緒にゆでて水気を切ったら、つぶしてマヨネーズで和える。
2　別に刻んだきゅうりを塩もみして加える。
3　味を見て塩こしょうをする。

フライドオニオン

フライドオニオンの独特な甘さと香ばしさがパンの素朴な味を引き立て、どんな料理にもよく合います。

ざいりょう

強力粉：マグカップ3杯

薄力粉：マグカップ1杯

水：マグカップ1～2杯

砂糖：大さじ1杯

塩：小さじ2杯

なたね油：大さじ3杯

ドライイースト：小さじ1杯

フライドオニオン（フレーク）：大さじ3杯

つくりかた

1. 強力粉と薄力粉とドライイーストを入れて軽く混ぜます。フライドオニオンを入れて混ぜます。

2. なたね油、砂糖、塩を加え、さらに混ぜます。

3. まず水を1杯加えて混ぜ、2杯めは様子を見ながら少しずつ加え、生地がまとまったら、それ以上水は加えません。

4. 生地を入れた容器にふたをして、5～8時間置きます。
   夏は冷蔵庫か野菜室で発酵させましょう。

5. まな板の上に打ち粉をして、生地を広げ、包丁で切り分けて、少しすきまをあけて天板に載せていきます。

6. 予熱なしの160℃で30分焼きます。

ツナとアボカドのディップ

【材　料】
ツナ缶1缶
アボカド1個
マヨネーズ大さじ1杯
塩こしょう、レモン汁少々

【つくりかた】
1　アボカドをよくつぶします。
2　他の材料と和えます。

ベーコンと黒こしょう

味わい深いベーコンとスパイシーな黒こしょうを合わせた、体のなかから元気になる一品。
ベーコンを上に散らして焼くとまた違った表情に。

ざいりょう

強力粉：マグカップ3杯　　**砂糖**：大さじ1杯　　**ドライイースト**：小さじ1杯

薄力粉：マグカップ1杯　　**塩**：小さじ2杯　　**ベーコン**（薄切りでも厚切りでも）：マグカップ半杯

水：マグカップ1～2杯　　**なたね油**：大さじ3杯　　**黒こしょう**：小さじ 半杯～1杯

つくりかた

1. 強力粉と薄力粉とドライイーストを入れて軽く混ぜます。ベーコンと黒こしょうを入れて混ぜます。

2. なたね油、砂糖、塩を加え、さらに混ぜます。

3. まず水を1杯加えて混ぜ、2杯めは様子を見ながら少しずつ加え、生地がまとまったら、それ以上水は加えません。

4. 生地を入れた容器にふたをして、5～8時間置きます。
   夏は冷蔵庫か野菜室で発酵させましょう。

5. まな板の上に打ち粉をして、生地を広げ、包丁で切り分けて、少しすきまをあけて天板に載せていきます。
   この時に、ベーコンと黒こしょうを上に散らしてもOK！

6. 予熱なしの160℃で30分焼きます。

ほうれん草のポタージュ

【材　料】4～6人分

ほうれん草1束　　たまねぎ1個
ジャガイモ2個　　牛乳 マグカップ1杯
バター 小さじ1杯　　塩こしょう少々

【つくりかた】

1　適当な大きさに切ったジャガイモとたまねぎを鍋に入れ、ひたひたの水を加え、火にかけます。

2　ジャガイモがやわらかくなったら、ほうれん草を加え、さらに2分ゆでます。

3　火を止め冷ましてから、ゆで汁ごとミキサーにかけペースト状にし、鍋に戻します。

4　牛乳とバターを加えてもう一度温めます。味を見て塩こしょうしてできあがり。

カレー

揚げずにオーブンで焼くカレーパンは朝ごはんにも最適！
焼くときに、なたね油かオリーブオイルを小さじ1杯かけてあげるとボリューム感が出ます。

ざいりょう

強力粉：マグカップ3杯

砂糖：大さじ1杯

ドライイースト：小さじ1杯

薄力粉：マグカップ1杯

塩：小さじ1杯

カレー：マグカップ1杯
＊カレーは前の日の残りでOK！
煮詰まったものやドライカレーが扱いやすいです。

水：マグカップ1～2杯

なたね油：大さじ3杯

つくりかた

1. 強力粉と薄力粉とドライイーストを入れて軽く混ぜます。

2. なたね油、砂糖、塩を加え、さらに混ぜます。

3. まず水を1杯加えて混ぜ、2杯めは様子を見ながら少しずつ加え、生地がまとまったら、それ以上水は加えません。

4. 生地を入れた容器にふたをして、5～8時間置きます。
   夏は冷蔵庫か野菜室で発酵させましょう。

5. まな板の上に打ち粉をして、広げ、包丁で切り分けてカレーを包んで天板に載せていきます。

6. 予熱なしの160℃で30分焼きます。

手づくりのよさは材料を選べるところ

　粉や塩、砂糖、油など、材料でも基本となるものには、お気に入りのものを使っています。

　たとえば私の場合、生活クラブ生協のなたね油や素精糖、富澤商店の小麦粉がお気に入り。

　手づくりパンのいいところは、入っているものを自分で選べるということです。せっかく手づくりするのですから、自分の好みに合わせて材料を選んでみてはいかがでしょうか。

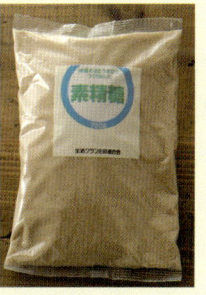

ドライトマトと
クリームチーズ

乾燥させたトマトは味が濃くなって、クリームチーズのこってり感といいコンビネーション。
生地から具がはみだしても気にしないで。

ざいりょう

強力粉：マグカップ3杯

薄力粉：マグカップ1杯

牛乳または水：マグカップ1～2杯

砂糖：大さじ1杯

塩：小さじ2杯

ドライイースト：小さじ1杯

オリーブ油：大さじ3杯

ドライトマト：大さじ3杯を細かく切る。
＊もしくはカットされたもの。

クリームチーズ：大さじ5杯。
＊キューブなら4～5個。

つくりかた

1. 強力粉と薄力粉とドライイーストを入れて軽く混ぜます。ドライトマトを入れて混ぜます。

2. なたね油、砂糖、塩を加え、さらに混ぜます。

3. まず水を1杯加えて混ぜ、2杯めは様子を見ながら少しずつ加え、生地がまとまったら、それ以上水は加えません。

4. 生地を入れた容器にふたをして、5～8時間置きます。
   夏は冷蔵庫か野菜室で発酵させましょう。

5. まな板の上に打ち粉をして、生地を広げたところでクリームチーズを挟んでたたみ、包丁で切り分けて天板に載せていきます。クリームチーズがはみ出てもOK！

6. 予熱なしの160℃で30分焼きます。

おつまみパンに合うのはワイン！

生地ができて、切り分けるとき、いつもより薄めに、細く切ると、カリッと焼きあがり気軽につまめるおつまみパンになります。

よりカリッとした食感を楽しみたいなら、オーブンの温度を160℃から170℃にしてみてください。

おつまみパンにはワインがうってつけです。チーズパンには赤ワイン、ツナとディルのパンにはきりっと冷えた白ワインなど、お気にいりの組み合わせを見つけて楽しんでください。

パンといっしょにディップやポタージュを

基本のパンや米ぬかパン、おからパンなどのシンプルなパンにはディップやポタージュがよく合います。
ロックフォールチーズのディップなど、ちょっとクセのある食材が意外におすすめ。
旬の野菜ポタージュは添えて飲んでもよし、付けて食べてもいい一品です。
冷蔵庫と相談しながら、オリジナルのディップやポタージュをつくってみるのも楽しいですよ。

ロックフォールチーズとジャガイモのディップ
ジャガイモ　2個
ロックフォールチーズ　50g
（お好みで）オリーブ油、塩　各適量

皮をむいたジャガイモを鍋に入れゆでて、火がとおったら器にとり熱いうちにお好みの量のロックフォールチーズと和えます。
お好みでオリーブ油や塩を加えます。
＊冷めると固くなるので、少しゆるめにつくっておきましょう。

キャベツのポタージュ　4～6人分
キャベツ　1/4個
ジャガイモ　1個
タマネギ　1個
牛乳　マグカップ1杯
水　マグカップ3杯
バター　小さじ2杯
塩こしょう少々

適当な大きさに切ったタマネギを油を引いた鍋に入れ、5分ほど炒めたら、ジャガイモとキャベツを加え、水を入れ10分煮ます。
火を止め冷ましてから、ゆで汁ごとミキサーにかけペースト状にし、鍋に戻し火にかけます。牛乳を加え、塩こしょうで味を付け、バターを加えてできあがりです。

第4章

スイーツパン

おやつのように味わえて、食事のように満足できる。
大人も子どもも思わず顔がほころぶスイーツパンの数々。
ちょっとのアレンジで手づくりおやつも簡単です。

チョコチップ

ごろごろ入ったチョコチップ。チョコの甘さとパンの食感の組み合わせが絶妙なおやつパン。
朝ごはんとしてハーブティーと合わせてもいいですね。

ざいりょう

強力粉：マグカップ3杯

砂糖：大さじ3杯

なたね油：大さじ3杯

薄力粉：マグカップ1杯

塩：小さじ1杯

チョコチップ：マグカップ1杯
* 代わりに麦チョコを使ってもおいしいです。

牛乳または水：マグカップ1～2杯

ドライイースト：小さじ1杯

つくりかた

1 強力粉と薄力粉とドライイーストを入れて軽く混ぜます。チョコチップを入れて混ぜます。

2 なたね油、砂糖、塩を加え、さらに混ぜます。

3 まず水を1杯加えて混ぜ、2杯めは様子を見ながら少しずつ加え、生地がまとまったら、それ以上水は加えません。

4 生地を入れた容器にふたをして、5～8時間置きます。
夏は冷蔵庫か野菜室で発酵させましょう。

5 まな板の上に打ち粉をして、生地を広げ、包丁で切り分けて、少しすきまをあけて天板に載せていきます。

6 予熱なしの160℃で30分焼きます。

パンに合わせるハーブティー

のどにもやさしく、朝ごはんにもティータイムにもさわやかさを加えてくれるハーブティーは、パンによく合います。

おすすめは、ローズヒップとローズペタルのブレンドティー、カモミールティー、レモングラスティーです。

温かい飲み物で深呼吸をしながら一日が始まると気分がいいですね。

チョコチップのパンにはミントティー、レーズンのパンにはルイボスティーというように、みなさんもお気に入りの組み合わせを見つけてください。

リンゴジャムとシナモン

甘酸っぱいリンゴの味にシナモンフレーバー。
懐かしい定番の味もこのパンだと、また異なる一面を見せてくれます。

ざいりょう

強力粉：マグカップ 3 杯　**砂糖**：大さじ 3 杯　**なたね油**：大さじ 3 杯　**シナモン**：小さじ 2 杯

薄力粉：マグカップ 1 杯　**塩**：小さじ 1 杯　**リンゴジャム**：マグカップ 1 杯
＊ジャムの量はお好みで

牛乳または水：マグカップ 1 〜 2 杯　**ドライイースト**：小さじ 1 杯

つくりかた

1 強力粉と薄力粉とドライイーストを入れて軽く混ぜます。リンゴジャムとシナモンを入れて混ぜます。

2 なたね油、砂糖、塩を加え、さらに混ぜます。

3 まず水を 1 杯加えて混ぜ、2 杯めは様子を見ながら少しずつ加え、生地がまとまったら、それ以上水は加えません。

4 生地を入れた容器にふたをして、一晩（5 〜 8 時間）置きます。
夏は冷蔵庫か野菜室で発酵させましょう。

5 まな板の上に打ち粉をして、生地を広げ、包丁で切り分け、天板に載せていきます。
1 の工程で生地にリンゴジャムとシナモンを混ぜずに、大きく広げた生地にジャムをまんべんなく塗り、シナモンをふりかけ、それをくるくる巻いて 2 〜 3cm に切り分けて焼くとシナモンロールのようになります。

6 予熱なしの 160℃で 30 分焼きます。

粉茶とクルミ

お茶の香りがさわやかな和風パン。かじってみれば、クルミの風味と食感がたまりません。

ざいりょう

強力粉：マグカップ3杯

薄力粉：マグカップ1杯

牛乳または水：マグカップ1〜2杯

粉茶：大さじ2杯

クルミ：マグカップ半杯
＊軽く砕く。

砂糖：大さじ3杯

塩：小さじ1杯

なたね油：大さじ3杯

ドライイースト：小さじ1杯

つくりかた

1. 強力粉と薄力粉とドライイーストを入れて軽く混ぜます。粉茶とクルミを入れて混ぜます。

2. なたね油、砂糖、塩を加え、さらに混ぜます。

3. まず水を1杯加えて混ぜ、2杯めは様子を見ながら少しずつ加え、生地がまとまったら、それ以上水は加えません。

4. 生地を入れた容器にふたをして、5〜8時間置きます。
   夏は冷蔵庫か野菜室で発酵させましょう。

5. まな板の上に打ち粉をして、生地を広げ、包丁で切り分けて、少しすきまをあけて天板に載せていきます。

6. 予熱なしの160℃で30分焼きます。

どっしりとした生地を使えば、あんパンもまた新しい顔に。あんこをたっぷり包んで焼き上げて。

あんこ

ざいりょう

強力粉：マグカップ3杯

薄力粉：マグカップ1杯

牛乳または水：マグカップ1〜2杯

あんこ：マグカップ1杯
＊こしあんでもつぶあんでもOK。

砂糖：大さじ3杯

塩：小さじ1杯

なたね油：大さじ3杯

ドライイースト：小さじ1杯

つくりかた

1. 強力粉と薄力粉とドライイーストを入れて軽く混ぜます。

2. なたね油、砂糖、塩を加え、さらに混ぜます。

3. まず水を1杯加えて混ぜ、2杯めは様子を見ながら少しずつ加え、生地がまとまったら、それ以上水は加えません。

4. 生地を入れた容器にふたをして、5〜8時間置きます。
夏は冷蔵庫か野菜室で発酵させましょう。

5. まな板の上に打ち粉をして、生地を広げ、包丁で切り分けてあんこを包んで、天板に載せていきます。

6. 予熱なしの160℃で30分焼きます。

ココア

チョコレートのような色をしていますが、甘さひかえめなので、クリームチーズとマーマレードのディップにとてもよく合います。

ざいりょう

強力粉：マグカップ3杯

砂糖：大さじ3杯

なたね油：大さじ3杯

薄力粉：マグカップ1杯

塩：小さじ1杯

ココア：大さじ2杯

牛乳または水：マグカップ1〜2杯

ドライイースト：小さじ1杯

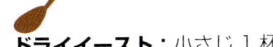

つくりかた

1. 強力粉と薄力粉とドライイーストを入れて軽く混ぜます。ココアを入れて混ぜます。

2. なたね油、砂糖、塩を加え、さらに混ぜます。

3. まず水を1杯加えて混ぜ、2杯めは様子を見ながら少しずつ加え、生地がまとまったら、それ以上水は加えません。

4. 生地を入れた容器にふたをして、5〜8時間置きます。
   夏は冷蔵庫か野菜室で発酵させましょう。

5. まな板の上に打ち粉をして、生地を広げ、包丁で切り分けて、少しすきまをあけて天板に載せていきます。

6. 予熱なしの160℃で30分焼きます。

クリームチーズとマーマレードのディップ

【材　料】
クリームチーズ　大さじ3杯
マーマレード　大さじ2杯

【つくりかた】
室温に戻してやわらかくしたクリームチーズと、マーマレードをよく混ぜるだけです。

レーズン

レーズンの味がはっきり感じられるのは、こんなにたっぷり使っているから。お好みでメープルシロップをかけて召し上がれ。

ざいりょう

強力粉：マグカップ3杯

薄力粉：マグカップ1杯

牛乳または水：マグカップ1〜2杯

レーズン：マグカップ1杯
* 代わりにドライフルーツミックスを使ってもおいしいです。

砂糖：大さじ3杯

塩：小さじ1杯

なたね油：大さじ3杯

ドライイースト：小さじ1杯

つくりかた

1. 強力粉と薄力粉とドライイーストを入れて軽く混ぜます。レーズンを入れて混ぜます。

2. なたね油、砂糖、塩を加え、さらに混ぜます。

3. まず水を1杯加えて混ぜ、2杯めは様子を見ながら少しずつ加え、生地がまとまったら、それ以上水は加えません。

4. 生地を入れた容器にふたをして、5〜8時間置きます。
   夏は冷蔵庫か野菜室で発酵させましょう。

5. まな板の上に打ち粉をして、生地を広げ、包丁で切り分けて、少しすきまをあけて天板に載せていきます。

6. 予熱なしの160℃で30分焼きます。

第5章

世界のパン

基本のパンづくりから少し発展させて、
いろいろなスタイルを楽しんでみましょう！
ほんのちょっと材料を変えるだけ、
焼きかたを変えるだけで、つくってみたかったあのパンもこのパンも…。
おいしく気軽に焼ける方法をご紹介します。

米ぬかスコーン

パン特有の粘りや弾力がなく、ほろほろっとした歯ざわりと口どけのスコーン。
ポイントは、強力粉を薄力粉に、ドライイーストをベーキングパウダーに変えること。

ざいりょう

薄力粉：マグカップ3杯

塩：小さじ1杯

ベーキングパウダー：小さじ1杯

砂糖：大さじ3杯

米ぬか：マグカップ1杯
（全粒粉、米粉、コーンミールでも可）

牛乳：マグカップ1〜2杯
（豆乳、ヨーグルトでも可）
（たまご1個をマグカップに落とし、そこに牛乳を加え、よくかき混ぜたものでも可）

なたね油：大さじ3杯

つくりかた

1. 薄力粉と米ぬかとベーキングパウダーを入れて軽く混ぜます。

2. なたね油、砂糖、塩を加え、さらに混ぜます。

3. まず牛乳を1杯加えて混ぜ、2杯めは様子を見ながら少しずつ加え、生地がまとまったら、それ以上牛乳は加えません。粉っぽさが少し残るくらい固めに。

4. 生地を厚さが2〜3cmくらいになるように広げてラップでくるみ、冷蔵庫で1時間寝かせます。
   ラップの上で生地を広げればまな板が汚れません。
   時間がない時はすぐに焼けます！ それもスコーンのいいところ。

5. まな板の上に打ち粉をして、生地を広げ、包丁で切り分けて、少しすきまをあけて天板に載せていきます。
   グラスなどを使って丸型にくりぬいてもOK！

6. 予熱なしの180℃で30分焼きます。
   パンより温度は高めです。カリッと焼き上げましょう。

スイーツパンとスコーンの関係

　パンの黄金比は強力粉：薄力粉の割合が3：1ですが、薄力粉3、米ぬか1の割合にしてみると？　さらに、イースト菌ではなく、ベーキングパウダーに変えてみると…？

　生地にはパン特有の粘りや弾力がなくなり、ほろほろっとしたスコーンになります。

　そもそも、パンを仕込もうと思って粉を準備していたら肝心の強力粉がないことに気づき、じゃあためしに薄力粉でつくってみようかな？と思ったのがきっかけでした。

　実際自分で焼いてみて、スコーンのように仕上がったことで「発見」してしまったわけです。

　もっちりどっしりのパンもいいけど、たまにはほろほろっとしたスコーンに紅茶やハーブティを合わせるのも楽しいですよね。

ナン

オーブンなしでも短時間で焼ける手軽さが魅力！ どっしりとした食感があって、食べごたえも十分。
カレーだけでなく、いろんな料理に合わせてください。

ざいりょう

強力粉：マグカップ3杯

砂糖：大さじ2杯

ドライイースト：小さじ1杯

薄力粉：マグカップ1杯
（米ぬか、米粉、おからでも可）

塩：小さじ2杯

なたね油：大さじ3杯

水または牛乳：マグカップ1～2杯

つくりかた

1. 強力粉と薄力粉とドライイーストを入れて軽く混ぜます。

2. なたね油、砂糖、塩を加え、さらに混ぜます。

3. まず水を1杯加えて混ぜ、2杯めは様子を見ながら少しずつ加え、生地がまとまったら、それ以上水は加えません。

4. 生地を入れた容器にふたをして、5～8時間置きます。
   夏は冷蔵庫か野菜室で発酵させましょう。

5. まな板の上に打ち粉をして、生地を広げ、包丁で切り分けて、薄めに伸ばします。

6. 油を引いたフライパンを熱して、生地を焼いていきます。表裏、弱火で10分くらいずつ。焼きが甘いようでしたら中火にして、焼き目を付けましょう。

ベーグル

ベーグルは強力粉のみでつくります。油も入れません。ポイントはゆでないこと。
焼く前に、ボールに張った水にじゃぶっとくぐらせるだけです。これがとっても楽チン。

ざいりょう

強力粉：マグカップ3杯
砂糖：大さじ2杯
ドライイースト：小さじ1杯
牛乳または水：マグカップ1～2杯
塩：小さじ1杯

つくりかた

1. 強力粉とドライイーストを入れて軽く混ぜます。
2. 砂糖、塩を加え、さらに混ぜます。
3. まず水を1杯加えて混ぜ、2杯めは様子を見ながら少しずつ加え、生地がまとまったら、それ以上水は加えません。
4. 生地を入れた容器にふたをして、5～8時間置きます。
   夏は冷蔵庫か野菜室で発酵させましょう。
5. まな板の上に打ち粉をして、生地を広げ、適当な量をちぎり直径2センチ、長さ25センチくらいの棒状に成形します。

クリームチーズとブルーベリージャムのディップ

【材　料】
クリームチーズ　大さじ3杯
ブルーベリージャム　大さじ2杯

【つくりかた】
室温に戻してやわらかくしたクリームチーズと、ブルーベリージャムをよく混ぜるだけです。

6 棒状に成形した生地の両端をつぶし、つなげて、ドーナツ状にします。

7 手で持ったまま、じゃぶっと水にくぐらせます。
通常、ベーグルはゆでてから焼きますが、このレシピではゆでる代わりに水にくぐらせるだけです。

8 よく濡れた状態で天板に載せ、予熱なしの160℃で30分焼きます。

フォカッチャ

オリーブ油をかけて食べるもよし、料理のつけあわせにしてもよし、
素朴な味だからどんなスタイルにもよく合います。

ざいりょう

強力粉：マグカップ 3 杯

薄力粉：マグカップ 1 杯
（米ぬか、米粉、おからでも可）

水または牛乳：マグカップ 1～2 杯

ドライイースト：小さじ 1 杯

砂糖：大さじ 2 杯

塩：小さじ 2 杯

オリーブ油：大さじ 4 杯

グリーンオリーブ：
3～5 個（種なし、缶詰）
ローズマリー：あれば適量

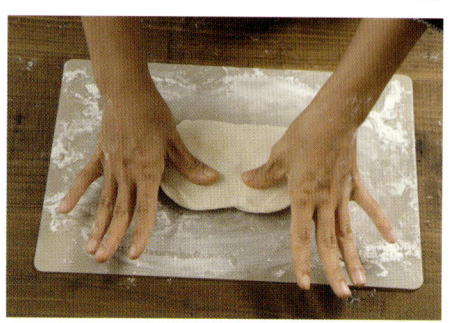

つくりかた

1 強力粉と薄力粉とドライイーストを入れて軽く混ぜます。

2 オリーブ油、砂糖、塩を加え、さらに混ぜます。

3 まず水を 1 杯加えて混ぜ、2 杯めは様子を見ながら少しずつ加え、生地がまとまったら、それ以上水は加えません。

4 生地を入れた容器にふたをして、5～8 時間置きます。
夏は冷蔵庫か野菜室で発酵させましょう。

5 まな板の上に打ち粉をして、生地を広げます。パンのときより少し厚めに。

6 指で生地にくぼみをつくり、オリーブをそのくぼみに入れます。

7 お好みでローズマリーを載せ、オリーブ油をかけてもいいです。

8 予熱なしの160℃で30分焼きます。

オリーブ油をたっぷりかけてもおいしいですよ！

ピザ

丸でも四角でも好きな大きさに生地を広げて、好きな材料を載せて焼く「おうちピザ」。
ぜひ楽しんでみてください。

ざいりょう

強力粉： マグカップ3杯

薄力粉： マグカップ1杯
（米ぬか、米粉、おからでも可）

水（または牛乳）： マグカップ1～2杯

ドライイースト： 小さじ1杯

砂糖： 大さじ2杯

塩： 小さじ2杯

なたね油： 大さじ4杯

トマトピューレ： 大さじ3杯

つくりかた

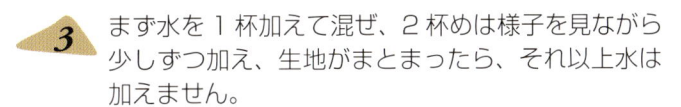

1. 強力粉と薄力粉とドライイーストを入れて軽く混ぜます。

2. なたね油、砂糖、塩を加え、さらに混ぜます。

3. まず水を1杯加えて混ぜ、2杯めは様子を見ながら少しずつ加え、生地がまとまったら、それ以上水は加えません。

4. 生地を入れた容器にふたをして、5～8時間置きます。
   夏は冷蔵庫か野菜室で発酵させましょう。

5. まな板の上に打ち粉をして、生地を広げ、通常のパンよりかなり薄めに伸ばし、天板に載せます。

のし棒を使うと簡単に伸びます。

6 トマトピューレ＋塩少々にお好みでハーブなどを加えてつくったソースを生地の上に塗り、好きな具材をのせ、チーズを散らします。

7 予熱なしの180℃で20分焼きます。

ピザのおすすめトッピング

マルゲリータも大好きですが、和風な具材のピザがなぜか大好きです。なんだか、ほっとするような気がします。
＊ベーコン、えのき、春菊
＊長ネギ、鮭フレーク
＊しらす、ほうれん草
などなど。気軽に手に入る香り豊かな日本の食材をピザに合わせてみてください。

ベーコン、えのき、春菊のピザ

パン教室のこと

定期的に自分の店でパン教室を開いています。
そのたびに、
「え？　こんな方法でいいの？」「本当にこねなくていいの？」
と生徒さんたちに驚かれます。

私の大ざっぱな、材料の合わせかた、生地のまとめかたに、
期待どおりのうれしい反応をしてくださいます。
焼きあがるまでは半信半疑…。
「しかも予熱なしで焼くんですか??」とダメ押しのうれしい反応！

「いいんです！」と私はにんまり。＾＾

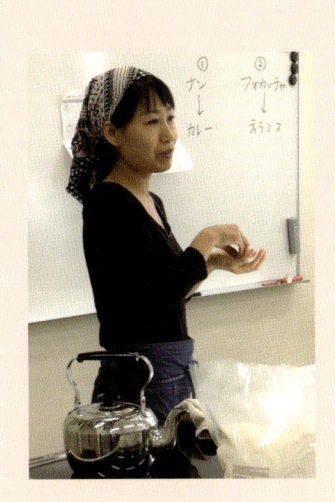

30分後には、
「うそみたい！　焼けてるよ〜！」
と喜んでくださる声があちこちからあがり…、
楽しい試食タイムでは、この上なく幸せな気持ちになります。

「これなら毎日できる！」「これなら私にも余裕を持ってできる！」
と思ってくだされればいいなと思います。

もちろん、このパン教室を開くまでは、
「こんな特殊なやりかたを、
教室で教えてもいいんだろうか？」
という不安や恐れはありました。
でもいまは、「こういうやりかたを待ってました！」
という声を励みに、
心を込めてレシピを伝えています。

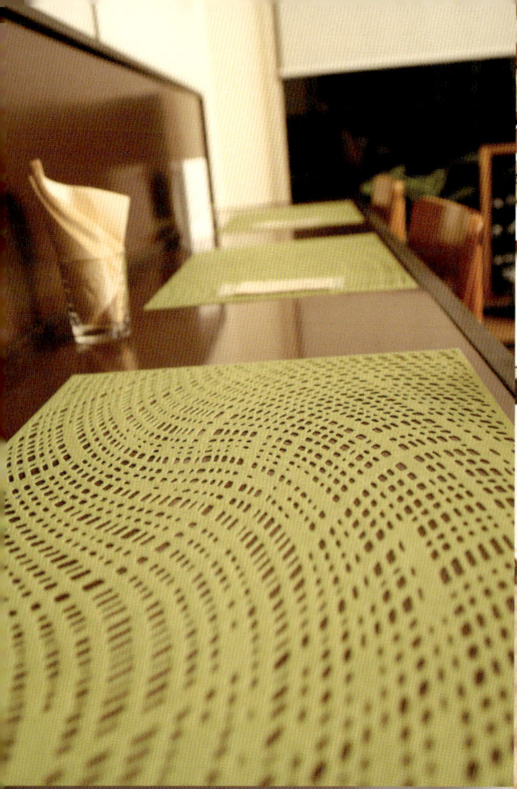
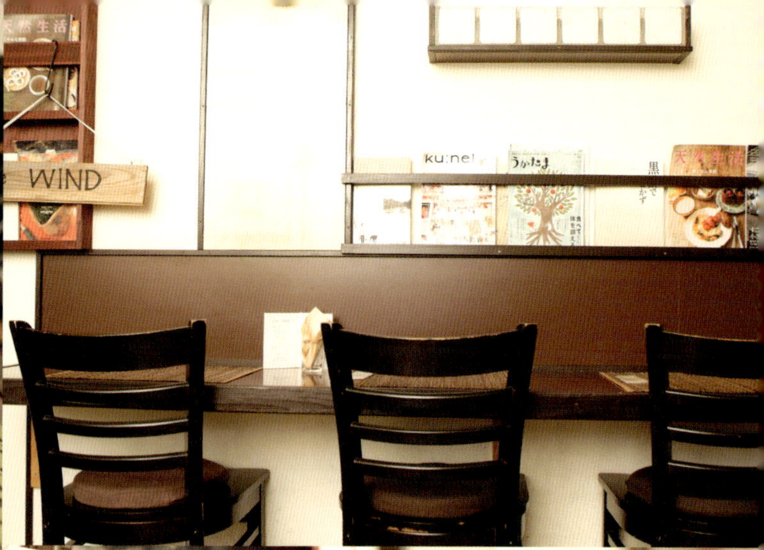
WIND
ku:nel
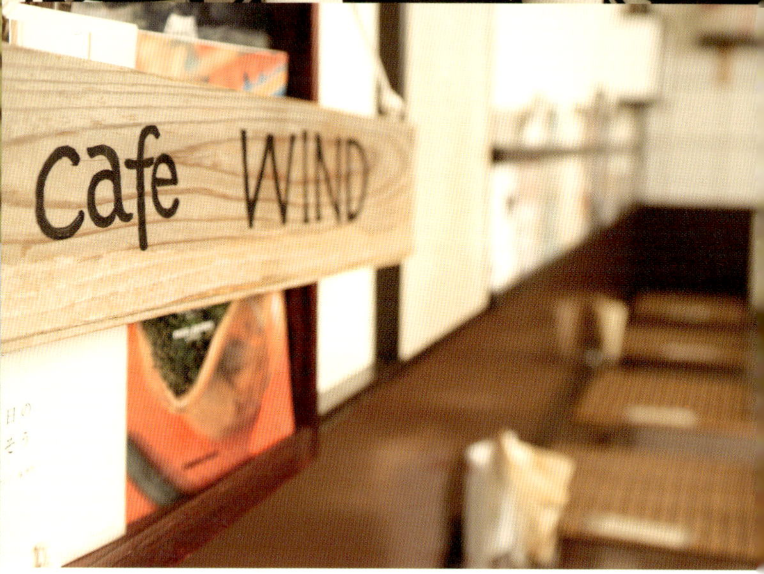
Cafe WIND
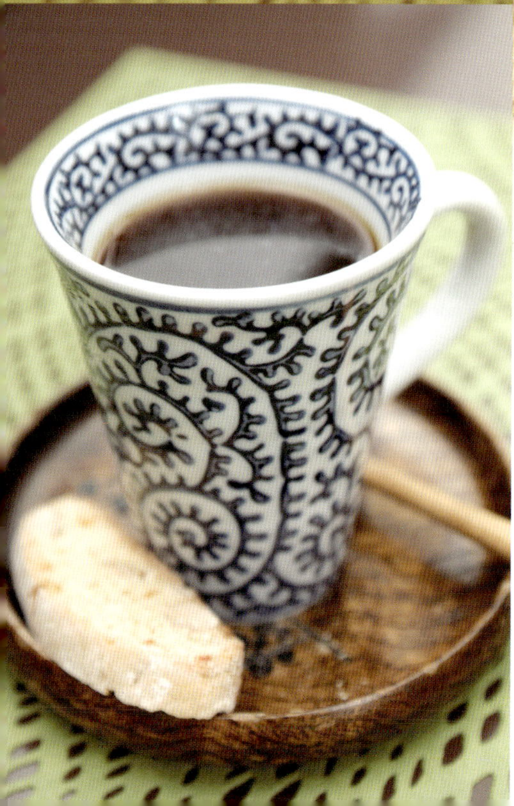
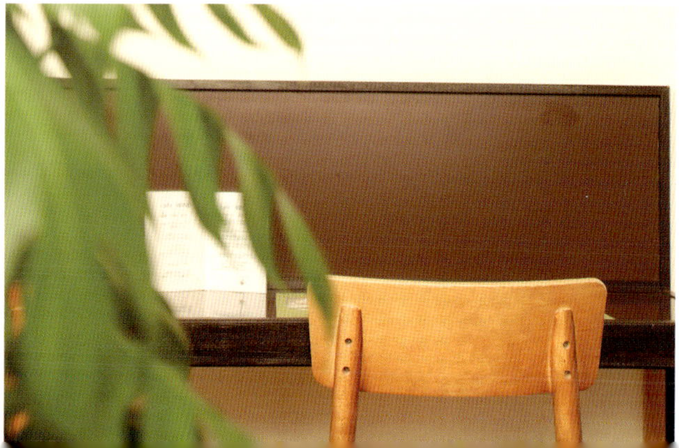

この本を
手に取ってくださって
ありがとうございます。

ちょっと変わったパンのつくりかたをご紹介してきましたが、
いかがでしたか？
自由な発想で、パンづくりを楽しんでいただけたら……
こんなうれしいことはありません。

一人でのんびり
カフェ営業

王子は私の生まれ育った街。
飛鳥山公園、王子神社、親水公園、稲荷神社。
なじみ深い憩いの場所に囲まれた権現坂の
ちょうど真ん中でカフェを開けたことに感謝しています。
坂の途中でひと息入れたい時にぜひお立ち寄りください。

ランチは、煮込み料理や有機野菜たっぷりのサラダやピクルス、
手づくりパンのパニーニとポタージュなどをご用意しています。
パニーニは第2章「薄力粉を他のものに変えてみる」でご紹介し
た米ぬかパンでご提供しています。

2014年2月

増刷に寄せて

カフェ・ウィンドでのパン教室のこと、少しだけ進化した内容を
付け加えました。これからもパンを通してもっと美味しい、もっ
と楽しい内容を目指して精進していきたいと思います！

2020年2月

根岸ひとみ

1976年東京生まれ。
東京北区王子に「カフェ・ウィンド」をオープン。
「心も体も喜ぶ健康ランチ」を目指し、
手づくりパンのパニーニや、
煮込み料理などをつくり続けている。
http://www.cafe-wind.com/

月に1回程度、
カフェ・ウィンドでパン教室を開いている。

撮影：星ユタカ
撮影協力：カフェ・ウィンド（東京都北区王子本町 1-24-2）
デザイン協力：ヤマブキデザイン

はからない
こねない
まるめない
世界一自由で簡単なパンのつくりかた

2014 年 3 月 3 日　　初版発行
2020 年 2 月 22 日　　第 2 刷
著者　　根岸ひとみ
発行　　ぶなのもり

〒 333-0852　埼玉県川口市芝樋ノ爪 1-6-57-301
TEL 048-483-5210　FAX 048-483-5211
MAIL info@bunanomori.jp
URL http://www.bunanomori.jp/

©2014, Hitomi Negishi, Bunanomori, printed in Japan　ISBN 978-4-907873-00-4